LES SIX DERNIÈRES SEMAINES

DE

NAPOLÉON BONAPARTE.

IMPRIMERIE DE COSSON, RUE GARANCIÈRE, N° 5.

LES SIX DERNIÈRES SEMAINES

DE

NAPOLÉON BONAPARTE.

RÉLATION ÉCRITE A SAINTE-HÉLÈNE

ET TRADUITE DE L'ANGLAIS

DE JEAN MONKHOUSE,

OFFICIER DE LA MARINE ROYALE.

Take him for all in all, we ne'er shall see his like again.

Il le faut regarder comme étant tout en toute
chose : nous ne reverrons jamais son pareil.)

SHAKESPEARE.

PARIS.

1821.

LES SIX DERNIÈRES SEMAINES

DE

NAPOLÉON BONAPARTE.

> Thou strik'st the dull peasant, he falls in the dark
> Nor leaves e'en the wreck of a name;
> Thou strik'st the bold hero, a glorious mark,
> And he falls in the blaze of his fame.

> *Tu (la mort) frappes le paysan grossier, il tombe dans l'obscurité, et ne laisse pas même le débris d'un nom. Tu frappes le héros audacieux, en dirigeant ton coup avec gloire, et il tombe dans l'éclat de sa renommée.* SHAKESPEARE.

La mort de Napoléon Bonaparte, qui, si elle fût arrivée quelques années plus tôt, aurait produit une sensation étonnante, au moins dans toute l'Europe, n'a causé presque aucune surprise, même à Sainte-Hélène. Indépendamment de ce que le climat brûlant de cette île devait infailliblement ruiner sa santé, quelque robuste qu'elle fût, n'était-il pas naturel de penser que le héros à qui l'univers entier ne paraissait pas un champ trop vaste pour son génie remuant ne pourrait résister à une vie absolument inactive, et succomberait bientôt à l'inertie d'une position si contraire à ses goûts et à ses habitudes ?

Le hasard a voulu que je connusse, dans son dernier séjour, cet illustre personnage, de bien plus près que beaucoup de gens qui par leur rang et leur pouvoir auraient eu plus de droits que moi d'approcher sa personne. Mais Napoléon était extraordinaire en toute chose, et c'est à cette bizarrerie de caractère, beaucoup plus qu'à la considération que j'ai pu lui inspirer, que je dois attribuer la bienveillance qu'il me témoignait.

Depuis long-temps il était intimement persuadé que ses organes intérieurs étaient attaqués d'une maladie qui le conduirait au tombeau, et il répétait souvent le triste pronostic de sa mort; mais personne ne voulait y croire. On regardait ces funestes pressentimens comme le rêve d'une imagination troublée, qui se complaît dans des idées sombres et mélancoliques.

Quelques mois avant sa mort Napoléon s'amusait à bêcher son jardin, et il lui est arrivé de pousser cet amusement pénible jusqu'au point de tomber en défaillance. On lui fit remarquer un jour qu'il porterait atteinte à sa santé par cet excès d'exercice. « Non, non,

» répondit-il ; cela peut bien accélérer ma mort,
» mais ne saurait nuire à ma santé, car elle
» est ruinée pour toujours. »

Napoléon n'écrivait pas autant qu'on l'a sup-
posé, et quant à l'histoire de sa vie, je suis persuadé qu'il ne s'y appliqua jamais. Une fois seulement le général Bertrand lui en parla, et
il répondit : « Il est au-dessous de moi d'être
» mon biographe : comme Alexandre j'aurai
» un Quinte-Curce qui prendra soin de ma
» renommée. Mais au reste mes exploits se suf-
» fisent à eux-mêmes, ils n'ont pas besoin qu'on
» les aide. »

Bonaparte estimait Bertrand, peut-être
plus encore qu'il ne l'aimait. Etant un jour
à table, il lui dit : « Bertrand, vous aimez la
» renommée, votre exil volontaire vous rendra
» aussi immortel que le *fidus Achates* de Vir-
» gile ; sans cette espérance vous auriez suivi
» Montholon en Europe : pourquoi n'y êtes-
» vous pas allé ? — Parce que cela ne m'était
» pas agréable, répondit Bertrand avec aigreur.
» — Je ne suis point mécontent que vous soyez
» resté ; mais je n'aime pas votre présence en ce
» moment. »

Bertrand se leva, fit une révérence, et se
retira. Même après la perte de son pouvoir,

(8)

Bonaparte était empereur. Depuis le gouverneur jusqu'au capitaine de service, je n'ai jamais vu personne s'approcher de lui sans être pénétré de ce respect qu'inspire la présence d'un être supérieur.

Après qu'il fut tombé sérieusement malade, c'est-à-dire cinq semaines avant sa mort, il quitta ses manières réservées, il devint aimable et d'une société familière.

Une jeune personne d'environ neuf ans, fille d'un sergent, venait souvent tenir compagnie à Napoléon qui paraissait prendre beaucoup de plaisir à s'entretenir avec elle.

Lorsqu'elle s'approchait de lui, il s'inclinait avec bonté pour l'embrasser. Il portait dans son mouchoir quelques bagatelles pour les lui donner : la plupart du temps c'étaient des friandises. Un jour il lui fit cadeau d'une petite montre en or qu'il suspendit au cou de cette enfant, en lui disant : « Garde cela, Julie, par » amitié pour moi. » Et tirant ensuite un canif de sa poche, il traça sur le revers de la montre ce peu de mots : « L'empereur à sa petite amie » Julie. » J'ai eu plusieurs fois cette montre dans mes mains, et je ne doute pas que désormais elle ne soit regardée comme une relique précieuse par Julie et par ses descendans. Bonaparte apprenait le dessin à cette petite fille, et, pour l'exercer, il esquissait lui-même les contours des montagnes qui s'offraient à sa vue dans le lointain. Quelquefois aussi il traçait des sujets grotesques pour l'amuser. Julie ne s'éloignait jamais sans qu'il lui donnât un tendre baiser sur la joue, et il paraissait ensuite plusieurs momens dans la tristesse. Cette jeune fille n'avait pourtant rien en soi d'intéressant pour inspirer une affection particulière ; peut-être même n'avait-elle pas trop d'esprit pour son âge, et par sa beauté elle n'était pas au-dessus du petit Austin de Brandebourg.

Bonaparte n'étudiait pas beaucoup ; il lisait avec attention tous les journaux qu'on lui apportait. Mais on le voyait pendant des heures entières occupé à parcourir page par page le *Dictionnaire de Chambaud*. On peut bien trouver quelque amusement dans la lecture du *Dictionnaire de Johnson* par les citations choisies qu'on y rencontre ; mais il n'y a rien de semblable dans celui de *Chambaud*. Je suppose qu'il tenait machinalement les yeux fixés sur cet ouvrage dans le seul but de réfléchir.

Ce fut dans la matinée du 2 avril que Napoléon éprouva la première atteinte de sa fin prochaine. S'étant levé de bonne heure, il se promena dans le verger près de la cuisine, et l'on remarqua qu'il s'assit sur le gazon. M. de Montholon s'approcha de lui, pour lui demander s'il ne se portait pas bien : « J'éprouve, ré- » pondit-il, des nausées à l'estomac ; c'est » l'avant-coureur de la mort. C'est le héraut » dont la sourde trompette doit retentir à » l'oreille de tous les humains. » Le comte de Montholon se mit à sourire. L'empereur se leva et prit son bras, en lui faisant cette observation avec le mouvement de tête expressif qui lui était habituel : « La mort n'est pas une chose » dont on puisse rire, mon ami, lorsqu'on la voit » de si près. » En ce moment il aperçut la petite Julie avec un panier dans lequel étaient quelques fruits. Il prit cette enfant par la main, et la conduisit dans la salle à manger. Là il remplit son panier de confitures, et ajoutant une bouteille de liqueur : « Ceci est pour » votre père, afin qu'il boive à ma santé. » Sa faiblesse augmenta de jour en jour, et alors il prit un goût particulier pour les oranges ; il en exprimait une telle quantité que ses médecins lui en firent l'observation.

Un garçon orfèvre avait fait plusieurs petits objets pour Bonaparte. Cet homme, d'un caractère jovial et grand conteur d'historiettes de son invention, avait le talent de l'amuser par la manière plaisante dont il les débitait. Un soir il le fit appeler, et lui demanda s'il pourrait lui faire un cercueil d'argent; et sans attendre la réponse de l'ouvrier, il partit d'un grand éclat de rire, et ajouta : « Pouvez-vous me faire un » conte? pouvez-vous me dire que ma santé » s'améliorera, et que je ne mourrai pas d'ici » à peu de semaines ? — Que le ciel préserve » votre grandeur de mourir ! s'écria le facé- » tieux orfèvre. — Que Dieu me préserve de ne » pas mourir ! répliqua à l'instant Napoléon, » parce que je suis certain que la vie est une » calamité au lieu d'être un bonheur ! » En- suite avec sa nonchalance réelle ou feinte (ce que j'ignore) il se leva, posa les mains sur les touches d'un piano, et demanda à l'ouvrier s'il savait chanter. — Non, sire. — Comment, vous » ne savez pas chanter, pas même crier? Ah ! » j'oubliais que vous êtes marié, et que vous de- » vez avoir des motifs de pleurer. » Alors il fredonna l'air :

> » O Richard, ô mon roi,
> » L'univers t'abandonne. »

Puis il agita la sonnette, et il ordonna qu'on remît à cet homme quelques objets qui de-

vaient être réparés , et s'adressant à lui , il dit :
« C'est le dernier travail que vous ferez pour
» moi.... » A cette époque, quoiqu'il parlât
de sa mort d'une manière prophétique, personne ne voulait y croire. Sa gaîté et son
extérieur annonçaient une telle force de santé
que ses médecins mêmes y étaient trompés.

Cet état de choses ne dura pas long-temps ;
il devint tellement faible qu'il ne marchait plus
qu'avec infiniment de peine , et cependant il
n'aimait pas à être soutenu ; mais en s'appuyant
sur des chaises il se transportait d'une extré-
mité de la chambre à l'autre , et à tout moment il portait ses regards sur les portraits de
sa femme et de son fils. Ces tableaux peints par
David avaient été faits , à ce qu'on assure, par
son ordre exprès , pour être envoyés à l'empereur d'Autriche. Il restait la plupart du
temps étendu sur un sofa placé vis-à-vis de
la fenêtre qui donne sur le jardin , et il lisoit
souvent à haute voix la Henriade de Voltaire
et le Télémaque de Fénélon.

La petite Julie venait le voir comme à l'ordinaire. Bonaparte la faisait lire , lui demandait
ce qui se passait en ville et ce qu'on disait de
lui. Elle lui rapporta un jour que tout le monde
était d'avis que sa maladie n'existait que dans

son imagination. « Je le désire, répondit Napo-
» léon en soupirant ; je désire bien qu'on ne se
» trompe pas dans ces conjectures. Non, je
» n'en reviendrai pas, ajouta-t-il vivement......
» Tu dois chercher un autre maître, ma chère
» petite Julie, je n'ai plus long-temps à te
» donner des leçons. » L'empereur a pris soin
de cette jeune fille dans son testament. Trois
jours avant sa mort il dit au docteur Automarchi : «Je ne veux point la rendre indépendante ;
» mais je veux lui laisser assez pour qu'en se
» conduisant bien elle puisse passer des jours
» heureux. »

Lorsque les forces lui manquèrent au point
de ne pouvoir plus se remuer, il abandonna sa
chaise, et aidé par ceux qui étaient auprès de
lui, il alla se mettre dans le lit d'où il ne devait plus se lever désormais. Il est étrange que
ses médecins ne l'aient cru sérieusement malade que quinze jours avant sa mort. Napoléon
répétait souvent : « Je suis un homme mou-
» rant. » Mais on l'écoutait en souriant, et, par
des signes de tête, on faisait entendre qu'on ne
croyait pas à ce qu'il disait.

Environ dix jours avant que de mourir il me
fit appeler au chevet de son lit et me demanda
si les navires dernièrement arrivés d'Europe

avaient apporté quelques nouvelles : je lui ré-
pondis que non. « Pouvez-vous me procurer
» quelques journaux, n'importe à quel prix ? »
Je lui procurai, non sans peine, une feuille d'une
date ancienne. Il la parcourut rapidement et
s'écria tout à coup : « Naples, Naples !... pauvre
» diable !... Murat était le meilleur roi qu'ils
» aient jamais eu ; mais il ne sut point connaître
» ses sujets !... Depuis le duc de Calabre jusqu'au
» dernier mendiant, ils sont tous des Lazzaroni.
» Le vieux roi est.... Avez-vous été à Naples,
» monsieur ? — Oui, sire. — Ah ! de belles
» femmes, des hommes bien faits, et... et... ils
» connaissent l'art d'être heureux.... Vous êtes
» marin, ajouta-t-il, » et prenant alors un cou-
teau posé sur la table de nuit, il coupa un cordon
du lit en deux, puis se retournant vers moi en
riant : « Pouvez-vous joindre cela, me dit-il ! »
mais sans me donner le temps de lui répondre,
il passa un morceau de ce cordon autour de sa
tête et tomba dans une profonde rêverie...J'ai été
présent lorsqu'on lui administrait une médecine,
il la prit sans exprimer la moindre répugnance,
et à cette occasion il dit : « Aucun remède ne
» peut me guérir, mais ma mort sera un baume
» salutaire pour mes ennemis. »

Pendant ses derniers jours il y avait quelque

chose dans Napoléon qui aurait pu faire penser
qu'il s'était conduit toute sa vie suivant sa con-
science. Il montrait surtout une résignation ad-
mirable ; le souvenir de ses grandeurs passées
ne lui arracha jamais un soupir, et il ne paya
de tribut à la faiblesse humaine qu'une seule
fois. Mais l'histoire doit faire remarquer que le
plus grand des héros est un homme. « J'aurais
» désiré, dit-il avec douceur, de revoir ma
» femme et mon fils ; mais que la volonté de
» Dieu soit faite. »

La volonté de Dieu a envoyé au tombeau l'un
des plus grands hommes qui aient jamais régné,
celui dont l'élévation et la chute aient été les
plus extraordinaires! et les objets de ses plus
chères affections n'étaient pas là pour lui fer-
mer les yeux !

Le soir qui précéda sa mort, il parla plus
qu'à l'ordinaire, et il fredonna plusieurs fois son
air favori :

> « O Richard, ô mon roi,
> » L'univers t'abandonne. »

Le général Bertrand et le comte Montholon
veillaient près de lui, et Bonaparte exprima
souvent sa reconnaissance au premier en lui
serrant affectueusement la main. Ses amis lui

ayant demandé s'il fallait lui administrer l'extrême-onction, il fit un signe négatif et répondit : « Non, je suis en paix avec le genre hu-
» main. » Le comte de Montholon fut chargé par lui du soin d'assister à la déposition de ses restes dans le cimetière de Saint-John's-Town, et, avec un calme digne de Socrate, il montra le désir qu'on ouvrît son corps et qu'on rendît publique la nature de sa maladie.

Quatre heures environ avant d'expirer, il arrangea quelques papiers, en ordonnant qu'ils fussent transmis à sa femme. Ce serait tomber dans l'affectation que de donner de plus longs détails sur les derniers instans de Bonaparte. Il mourut, comme il avait vécu, avec une douce sévérité de visage, que la mort même n'a pu effacer. Dans la matinée il dit : « Il n'y a » rien de terrible dans la mort : elle a été la » compagne de mon oreiller pendant ces trois » semaines, et à présent elle est sur le point de » s'emparer de moi pour jamais. »

Un changement frappant s'était opéré dans la personne de Napoléon ; sa figure imposante ne présentait plus qu'un squelette ; ses beaux yeux, d'un noir foncé, avaient perdu leur éclat : c'était la grandeur humaine dans son éclipse. J'ai été admis à le voir le soir du premier mai : il me paraissait déjà mort; Bertrand était à l'un des côtés de son lit, et le comte Montholon de l'autre. Madame Dan-Lemar soutenait sa tête, et la petite Julie avait pris une de ses mains. Il me sourit et fit un effort pour lever sa tête, mais il ne put y parvenir; il parla d'une manière gracieuse à tout le monde pendant quelques minutes; et élevant sa main gauche, il me congédia. C'est la dernière fois que j'ai vu Napoléon Bonaparte; je ne puis m'empêcher de dire que je l'ai quitté avec un respect vraiment religieux, et celui qui voudrait m'en faire un reproche n'appartiendrait pas à la classe des hommes, ou bien les élémens qui sont entrés dans son organisation sont différens des miens (1).

Il n'entrait point dans mes fonctions d'être auprès de lui à son heure suprême. Le général Bertrand et le comte Montholon veillèrent à ses derniers sommeils. Il se sentit pris de la fièvre, et l'esprit troublé, il dit au docteur Automarchi : « Y a-t-il quelque nouvelle d'Europe ? — Oui, » sire. — Point de lettre pour moi ? — Au- » cune, sire. — Lisez, lisez, ajouta-t-il avec

---

(1) Must have materilals in his composition different from mine.

» une sorte de difficulté. » Le docteur lut quelques pages. « N'y a-t-il rien de Pérena, rien de
» ma femme, rien de mon fils ? ils sont oubliés,
» patience. » A neuf heures du soir Napoléon
appela le général Bertrand à son chevet, et il
fit cela d'une voix forte et d'un ton de com-
mandement plus qu'ordinaire. Celui-ci, ac-
compagné d'une dame dont je crois devoir
taire le nom, s'agenouilla à côté de son lit.
Bonaparte lui dit : « Je désire vous dire quel-
» que chose de la France. *O ma patrie !... »*
Ce furent les derniers mots que l'empereur
prononça. Il posa la tête sur son oreiller, et c'est
ainsi que se termina une vie que la vertu et
l'ambition avaient tour à tour dirigée.

Ce serait de ma part le comble de la folie
d'essayer de décrire le caractère de Bonaparte.
D'habiles écrivains, accoutumés à scruter les
hommes dans toutes les aberrations de leur esprit, depuis le berceau jusqu'à la tombe, ont
en vain épuisé leur science pour saisir les traits
de ce grand homme. Et même lorsque le temps
aura couvert ses fautes de son ombre, et que
sa gloire brillera du plus grand éclat, même
alors il sera bien difficile de l'apprécier à sa juste
valeur. Il s'élève seul, dans les pages de l'histoire, semblable à un grand phare placé au

sommet d'un écueil pour avertir le monde qu'il est dangereux d'en approcher, et que la mort attend quiconque ira heurter contre lui. Ses principes étaient d'une nature si mixte qu'aucune puissance ne saurait les analyser. Dans la guerre impétueux comme la foudre, il avait dans la paix la douceur d'un agneau (1); il se plaisait au repos de la société domestique, et quoi qu'on puisse dire des raisons qui l'ont déterminé à s'unir à Marie-Louise, ses ennemis les plus acharnés sont forcés d'avouer qu'il était tendre époux et père excellent. La meilleure preuve qu'on puisse en donner, c'est que cette princesse repoussa toute proposition de divorce, en disant avec fermeté : « Il m'aime avec trop de tendresse pour l'affli- » ger, même en pensée. » Le temps, qui efface les vestiges de la plus profonde douleur, ne détruira jamais l'action inhumaine d'avoir séparé, sans aucun juste motif, un époux et un père de sa femme et de son enfant. Plût à Dieu que le vent qui souffle sur sa tombe abandonnée, au sommet du rocher désert de Sainte-Hélène, pût emporter aussi l'immortel déshonneur que l'Angleterre a encouru par la captivité de

---

(1) Tel est le sens littéral de l'expression anglaise.

Napoléon ! Hélas ! ce triste fait est inscrit dans les annales impérissables de l'infamie ; et les générations à venir devront rougir que leurs aïeux aient été ses ennemis !

The evil that men do live after them
The good is often buried with thier bones.

« Le mal que les hommes font vit après eux ; leurs bonnes » actions sont souvent ensevelies avec leurs os. »

Je puis raconter plusieurs beaux traits de Bonaparte ; la reconnaissance les a gravés dans mon cœur, en même temps qu'ils feront connaître la cause des rapports que j'ai eus avec cet illustre captif à Sainte-Hélène.

En 1799 une petite chaloupe canonnière appelée *la Torride*, accompagnée de trente barques canonnières turques, fit une attaque sur le fort de Damiette en Egypte. Les Turcs ne se souciaient pas beaucoup de s'exposer au feu des batteries françaises. L'officier anglais voulut s'avancer pour les encourager par son exemple, mais il toucha le bas-fond, et fut fait prisonnier avec dix-huit hommes de son équipage : il en avait perdu douze dans le combat. Les prisonniers furent envoyés au grand Caire, où ils demeurèrent libres sur leur parole d'honneur. Peu de temps après, un bateau rempli de comédiens qui venait d'Alexandrie versa dans le Nil, tout près du Caire. Les officiers et les matelots anglais qui se trouvaient par hasard sur le rivage se jetèrent immédiatement dans le fleuve, et sauvèrent d'une mort certaine sept de ces malheureux. Huit jours après, Bonaparte fit appeler les prisonniers ; il les loua de leur conduite, fit donner quarante dollars à chaque officier et dix à chaque matelot, et leur fit en outre délivrer un passe-port pour retourner librement à leur vaisseau. J'étais du nombre des prisonniers, et quand nous le remerciâmes il nous dit en souriant : « Fortune de guerre! » Je n'oublierai jamais l'expression de sa physionomie : elle était toute bienveillante, et, sous ses noires paupières, son œil perçant brillait de ce doux éclat que donne la certitude d'avoir fait une action généreuse.

Etant prisonniers au grand Caire, nous avions l'habitude de nous mêler avec les troupes françaises pour assister aux revues qu'on passait tous les matins ; souvent nous nous avancions de très-près, même jusqu'à toucher le cheval du général Bonaparte. Un de ses officiers généraux (Sébastiani ou Rapp) lui dit : « Vous » donnez trop de liberté à ces Anglais, ils

» s'approchent trop de votre personne. » Bonaparte se mit à sourire, et honora le caractère national anglais par un mot qu'on n'aurait jamais dû oublier : « Si vous craignez pour votre » vie, moi je ne crains rien, les Anglais ne » sont pas des assassins. » J'étais près de lui lorsqu'il prononça ces paroles, et je me sentis glorieux de l'honneur fait à ma patrie par le plus redoutable de ses ennemis. Bonaparte venait souvent à cheval du côté de notre caserne; il vit un jour une femme allaitant un enfant, et demanda qui elle était. Le lieutenant Hount répondit qu'elle était Génoise, et la femme de l'un de nos matelots. Le lendemain Bonaparte envoya un pot de lait et un rouleau de linge pour cette femme et pour son enfant ; et pendant tout le temps que nous restâmes au Caire il ne se passa pas de jour que la femme de ce matelot ne reçût quelques présens de sa part. Ce sont ces traits dans le caractère d'un héros qui méritent le mieux d'être gravés dans la mémoire des hommes. Il n'était pas seulement un *grand* homme, mais aussi un homme *bon*, doué de sentimens les plus délicats et les exerçant avec une générosité sans bornes envers tous les inférieurs qui le méritaient à ses yeux.

Les derniers momens de Bonaparte ne furent

marqués par aucune faiblesse. Il gardait ses sentimens pour lui-même; et dans un moment où
il se sentait un peu moins souffrant, un officier
lui demanda : « Croyez-vous à la divinité de
» Jésus-Christ? » — Il lui répondit en souriant : « Est-il nécessaire de me faire cette
» question?

Bonaparte éprouvait des douleurs excessives
par la nature de sa maladie, mais il les suppor-
tait avec une fermeté vraiment philosophi-
que, ne permettant pas même qu'un soupir
échappât de ses lèvres. Le dépérissement de ses
organes, pendant les six semaines qui précédè-
rent sa mort, fut rapide et cruel; car les alimens
qu'il prenait ne faisaient qu'ajouter à ses souf-
frances.

A son heure dernière, il imita la conduite
de Marc-Aurèle et de Frédéric-le-Grand; il
mourut vêtu de son uniforme de général en chef.
Ainsi se termina la carrière d'un homme dont
la vie militaire et politique n'a aucun paral-
lèle.

Sans protecteurs, sans droits de naissance, il
s'éléva par l'exercice de ses incomparables talens
jusqu'à ceindre le diadème impérial, et à faire
trembler les rois de la terre au seul froncement
de son sourcil. Il a tenu les destinées des nations

dans sa main, et il les remuait à son gré. Son nom jetait l'épouvante dans les rangs de ses ennemis, et inspirait à ses légions un courage indomptable. Personne n'a jugé la nature humaine avec plus de finesse que Napoléon. Au milieu de ses exploits, il ne perdit jamais de vue le caractère national du peuple sur lequel il régnait. Paris devint le dépôt des plus nobles monumens des arts, et il n'est aucune partie de la France qui n'offre une preuve de son goût, de son jugement et de sa libéralité.

Les vicissitudes de la vie de Napoléon présentent une leçon terrible à ceux qui portent une couronne. L'homme qui gouverna un puissant empire a vu finir ses jours sur une roche solitaire. L'esprit de la tempête a seul chanté son hymne funèbre, et le bruit des canons de Ladder-Hill, qui célébraient ses funérailles, n'a été entendu que par les habitans de l'air, et répété par les échos des montagnes.

FIN.